Les p'tits bonheurs

Patrick Marqué

Les p'tits bonheurs

Le Polygraphe éditeur

En février 2006, j'ai présenté à Nantes l'exposition de mes « petits métiers imaginaires disparus ».

Parmi mes personnages, un semeur de petits bonheurs proposait au public de noter sur des feuilles de papier ses petits plaisirs quotidiens, dans le cadre d'une charte bien définie (reproduite en quatrième de couverture de cet ouvrage).

À ma grande surprise, à la fin de l'exposition, j'avais hérité de plus de cinq cents « p'tits bonheurs » !

Dans ce livre, je vous offre une partie de ce cadeau qu'on m'a fait, après en avoir illustré quelques-uns.

Par leur légèreté, les « p'tits bonheurs » touchent à l'essentiel. Ils puisent leur sève dans les besoins fondamentaux et universels qu'ils révèlent : besoins physiologiques (manger, dormir, boire...) ; besoins de sécurité (la maison, la couette...) ; besoins d'appartenance (au groupe, à la famille, à la nature...) ; besoins de partage et de reconnaissance (amour, amitié, don de soi...) ; et, enfin, besoins de réalisation et de dépassement de soi (gagner, soigner, créer...).

Chacun de ces « p'tits bonheurs » est un poème heureux, et trouve dans son voisin un écho malicieux ou tendre. Vous pourrez y randonner à votre guise, en y aménageant des haltes, ou picorer au hasard des pages ; les savourer seul ou les partager... Parfois, vous vous direz : « C'est bien moi, ça », ou : « C'est bien elle », ou même : « C'est tout à fait nous ! »

Je souhaite qu'à leur découverte, vous vous sentiez plus légers, pris par la douce griserie d'un sourire de connivence. Que ce livre vous rende un « p'tit » peu plus heureux : ce sera pour moi le plus grand de mes p'tits bonheurs !

Patrick Marqué

À mes enfants
Hugo, Sébastien, Maud et Fanny,
à Lola,
à mes parents,
à mes frères, Pascal et Stéphane,
à ma compagne Charlotte
et à Guilhem, mon cinquième

Un arc-en-ciel après la pluie

Écrabouiller enfin un moustique

L'odeur du café le matin

Doubler un tracteur

La fin d'une corvée

Voir une étoile filante

Embrasser accidentellement
le coin de ta bouche

Une grosse bulle avec son malabar

Un restau entre amis

Trouver du bon pain

Une visite imprévue et heureuse

Se sentir apaisé

Écouter la mer dans un coquillage

Le silence après un bon repas

Se souvenir qu'on ne travaille pas demain

L'odeur de la terre après la pluie

Ouvrir un cadeau

Ton odeur après ton départ

Découvrir le monde

Trouver un taxi

Enfin seul !

Mettre les pieds dans des bottes fourrées

Le vent sur mon visage

Mon bus n'est pas passé

Téléphoner à quelqu'un qui me manque

Un bon feu de cheminée

Écouter de la musique très fort

Mener à bien un projet

Le petit déj' du dimanche

Palper la légèreté d'un bonheur

Recevoir une carte postale

Mettre mes vieilles charentaises

Manger la pluie

Trouver le mot exact

Faire une folie !

Le goût de sa peau

Explorer en solitaire un vieux grenier

Les sourires de mon chien

Partager ma vie

Rouler jusqu'à la mer

Se réveiller guéri(e)

Noter une très bonne idée sur un papier

Réussir les ricochets

Sentir la pression au décollage de l'avion

Se faire masser

T'offrir une fleur quand je bâille

Participer par pur plaisir

Écouter l'orage sous la couette

Être écouté(e)

Marcher avec le sourire

Entrée libre

Vous imaginer sourire

Chanter sous la douche

Danser

Se souvenir de ses rêves

MEN..

Une journée heureuse
qui compte comme dix

Être pris en stop

La tartine tombée du bon côté

Enfin des toilettes !

Se réveiller une minute avant le réveil

Flâner

S'endormir au coin du feu

Marcher pieds nus dans l'herbe

Un gros fou rire à plusieurs

L'odeur du pain grillé le matin

Carambars, roudoudous et fraises Tagada

Savoir que mes enfants vont bien

Te regarder respirer quand tu dors

Captiver un public

Une journée sans gamin

Avoir eu beaucoup de chance sur ce coup

La chasse d'eau est réparée

Partager une bonne bouteille

Se sentir aimé pour ce qu'on est

Avoir organisé une soirée réussie

Scrabble !

Se perdre exprès

Faire voguer son navire en papier

« On t'en a gardé une part ! »

Commencer un cahier neuf

Se lever... et se recoucher !

Évoquer des souvenirs avec les amis

Carreau !

Un verre d'eau fraîche

Raconter une blague et faire rire

Pas de courrier dans la boîte

Prendre un(e) ami(e) dans ses bras

Le bisou du matin

Ne pas mettre le réveil à sonner

Parler à ses plantes

Sentir le bonheur de ses amis

Prendre tout son temps

Te faire rire

Oublier tous ses problèmes

Être près de ses enfants

Faire des grimaces dans la glace

Inventer une recette

Un beau coucher de soleil

Regarder à travers les vitres du train

Caresser doucement un souvenir d'enfance

Retrouver le titre d'une chanson

Terminer dans les temps

Se baigner nu(e) dans la nature

Partager un petit bonheur

Observer une toile d'araignée
parsemée de rosée

Sentir le soleil réchauffer ma nuque

Écouter la nature

Commencer un p'tit beurre par les quatre coins

Fouiller dans de vieux cartons

On a pensé à mon anniversaire

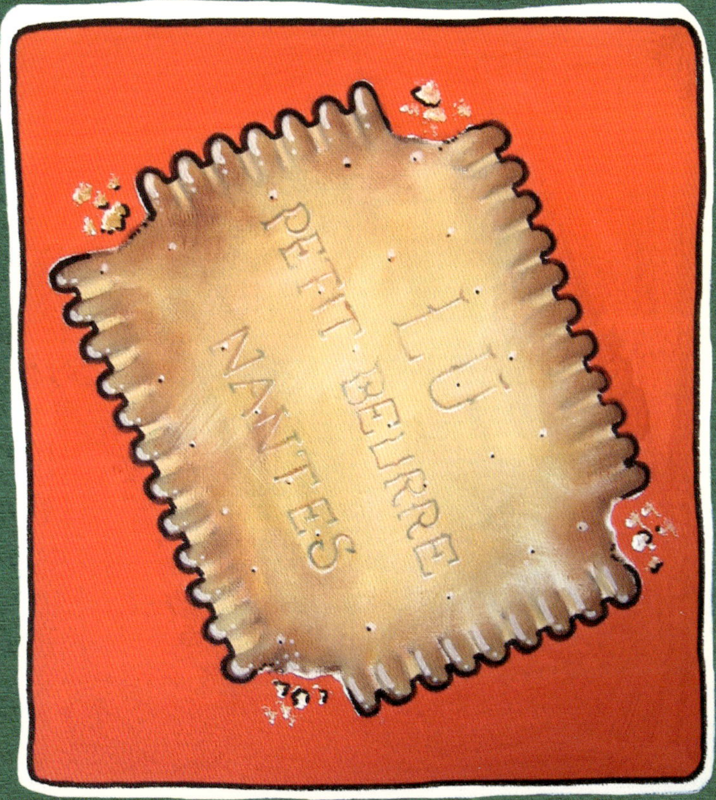
LU
PETIT-BEURRE
NANTES

Écouter le vent à l'abri sous la tente

Rester immobile, juste un instant

Ton sourire quand tu me vois arriver

Avoir de tes nouvelles

Rire sous la pluie

Discuter avec mon grand-père

Le miroitement du soleil sur la mer

Regarder picorer les pigeons

Découvrir un endroit « génial »

Se sentir bêtement amoureux

Le vol d'un papillon

Écouter de la musique allongé par terre

Un mot tendre sous l'oreiller

Manger avec les mains

Nager sous l'eau

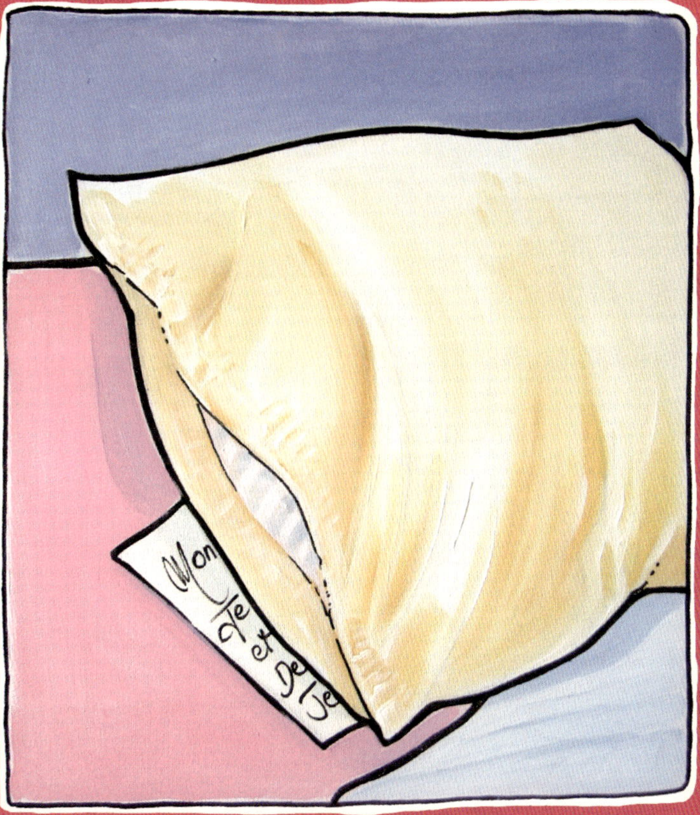
Mon
et

Regarder exploser les vagues

Goûter avec le doigt

Mon chat le matin

Une belle lumière

Croquer le bout de la baguette

Un mec drôle, un samedi soir

Le parfum de l'herbe fraîchement coupée

Trouver les bougies

en cas de panne de courant

Lui plaire

Les dix secondes qui suivent la fin d'un livre

PM

Lui dire que je l'aime fort

Connaître un poème par cœur

Le collier de nouilles

Le son des pas sur la neige

Refaire le monde en une nuit

Revoir la photo de ton permis

S'émerveiller de l'innocence d'un enfant

Se faire consoler par ses amis

La délivrance de l'orage qui éclate

Relire *le Petit Prince*

Ta chair de poule au bout de mes doigts

Écouter le vent qui chante

Effeuiller la marguerite

Se réveiller, le soleil dans les yeux

Découvrir l'objet tant recherché

Faire rire un enfant
dans le dos de ses parents

Allumer un feu

Retrouver ses clés

Dire « Je t'aime » à ses enfants

Finir des mots croisés aux toilettes

Éteindre la télé

Un dialogue silencieux du bout des yeux

Éplucher une pomme en une seule fois

Éviter le pire

Faire le premier pas

Observer les fourmis

Les maladresses de mon amoureux

Regarder la mer

L'odeur du papier d'Arménie

Les bulles de savon

Le sentir bouger dans mon ventre

Le bruit de ta clé dans la serrure

Jouer à se bagarrer

Me rappeler ta date de naissance

L'odeur des sachets de lavande
dans l'armoire

Toucher la cible

Jouer avec la forme des nuages

Sauter dans une flaque

Stopper un hoquet

Inviter ce voisin qu'on ne connaît pas

Un sourire dans les yeux des amis

Retomber sur ses pieds

Ciel bleu

Une douce mélancolie

Marcher, les pieds sur ceux de mon père

Faire découvrir un bon bouquin

Se réveiller à côté de quelqu'un
que l'on aime

S'allonger dans l'herbe

Comprendre

Être défendu par les copains

Sentir ta confiance

Connaître le nom des étoiles

Mes pieds froids contre tes pieds chauds

Le rire d'un enfant

Accueillir les premières lueurs de l'aube

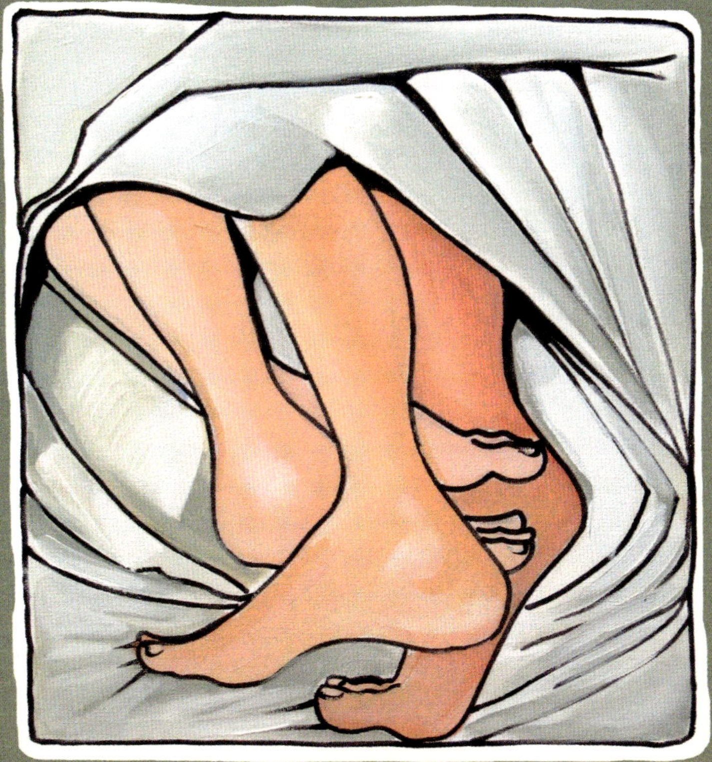

Cultiver son jardin

Finir un puzzle

Le sourire d'une inconnue

Regarder dans un kaléidoscope

Chanter en chœur

AFÉ

Apprendre un nouveau mot

La visite d'un ami

Marcher sur les feuilles mortes

Réparer un jouet

Lire le journal le matin

Être attendu(e)

Éteindre le réveil et rester sous la couette

Sentir que tu désires m'embrasser

Retrouver sa maison après un long voyage

Le sentiment de vivre son rêve

Téléphoner à une personne qui me manque

Regarder manœuvrer les gros bateaux

Flotter et jouer avec le vent

Passer enfin le fil dans le chas de l'aiguille

Résoudre une énigme

Se gratter le dos

Il y a de l'eau chaude

La balançoire, très très haut

Dans son lit, écouter les bruits du dehors

Se sentir utile

Achevé d'imprimer
par Eurostill en Union européenne
le 30 avril 2007

Dépôt légal : mai 2007

ISBN : 978-2-909051-37-6

Le Polygraphe, éditeur
13 bis, avenue du Général-Foy
49100 Angers

Site Internet : www.polygraphe.fr